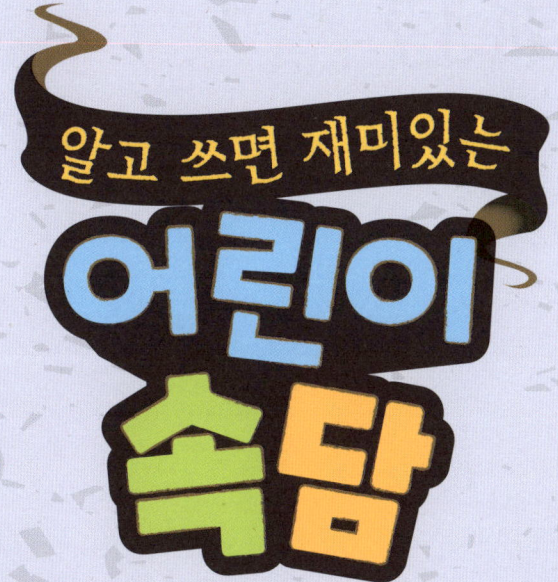

알고 쓰면 재미있는

어린이 속담

2023년 9월 5일 초판 1쇄 발행

글쓴이 박일귀
그린이 김현후
펴낸이 박하연
펴낸곳 맛있는책
편 집 김혜영
디자인 시선크리에이티브 윤임식

출판등록 제2018-000012호
주　　소 경기도 구리시 갈매중앙로 25
전　　화 031-529-5057
F A X 031-529-5058
이 메 일 d_books@naver.com

ⓒ맛있는책, 2023 Printed in Korea

ISBN 979-11-91412-08-6(73810)

이 책의 모든 내용은 저작권법에 의해
한국 내에서 보호를 받는 저작물이므로
무단 전재 및 복제를 금합니다.

머리말

'식은 죽 먹기', '백지장도 맞들면 낫다', '원숭이도 나무에서 떨어진다'.
정확한 뜻은 몰라도 한번쯤 들어 본 말들이지요?
속담은 사자성어와 마찬가지로 오랜 세월 동안 조상들이 생활 속에서 얻은 지혜를 짧은 글귀로 나타낸 말이에요. 속담은 한자어가 아니라서 사자성어보다 풀이가 쉽고, 쉬운 비유를 사용해 이해가 잘 되지요.
'식은 죽 먹기'는 식은 죽을 먹는 일처럼 쉽다는 뜻이고, '백지장도 맞들면 낫다'는 종이도 함께 들면 더 가볍듯이 서로 힘을 합치면 일이 더 쉬워진다는 뜻이에요. '원숭이도 나무에서 떨어진다'는 나무 타기 선수인 원숭이도 실수로 나무에서 떨어질 수 있듯이 어떤 일을 잘하는 사람도 실수할 수 있다는 뜻이랍니다.
어때요? 속담의 뜻이 어렵지 않고, 어떤 상황에 쓰는 표현인지 이해가 쏙쏙 되지 않나요?
이 책은 초등학생이 알아야 할 속담 90개를 엄선해서 실었어요. 그리고 비슷하거나 반대되는 속담이나 사자성어, 속담 활용법까지 담고 있어 더 많은 속담을 쉽게 익힐 수 있어요.
드라큘라, 미라, 도깨비, 구미호, 처녀귀신이 벌이는 엉뚱하고 재미있는 에피소드를 만화로 읽다 보면, 어느새 속담이 친숙해져 입에서 저절로 속담이 나올 거예요.
책에서 배운 속담을 생활에서 활용해 보세요. 어휘력과 표현력, 상상력까지 풍부해진답니다.
마지막으로 이 책을 만드는 데 수고하신 모든 분께 감사 인사드립니다. 감사합니다. 행복하세요!

저자 박일귀

등장인물

드라큘라
똑똑하고 아는 게 많은 '척척박사'예요.
가끔 잘난 체를 해 친구들에게 구박을 받아요.

미라
착하고 따뜻한 마음을 가졌어요.
먹는 걸 무지 좋아하는 '먹보'예요.

도깨비
노는 게 제일 좋은 '장난꾸러기'예요.
위기 상황에서는 꾀를 잘 부리는 '꾀돌이'이기도 해요.

구미호
학교에서 자기가 제일 예쁘다고 생각해요.
여우 짓을 많이 하지만 그래도 밉지는 않아요.

처녀귀신
차가운 표정에 감정을 알 수 없는 '포커페이스'를 하고 있지만,
내심 주변을 잘 챙기는 따뜻한 친구예요.

댕댕이
귀염둥이 막내예요.
귀신 친구들을 전혀 무서워하지 않고 항상 잘 따라요.

차례

ㄱ
- 01 가는 날이 장날 10
- 02 가는 말이 고와야 오는 말이 곱다 12
- 03 가랑비에 옷 젖는 줄 모른다 .. 14
- 04 가재는 게 편 16
- 05 가지 많은 나무에 바람 잘 날 없다 18
- 06 간에 붙었다 쓸개에 붙었다 한다 20
- 07 개구리 올챙이 적 생각 못 한다 22
- 08 고래 싸움에 새우 등 터진다 24
- 09 고양이 목에 방울 달기 26
- 10 공든 탑이 무너지랴 28
- 11 구슬이 서 말이라도 꿰어야 보배다 30
- 12 굼벵이도 구르는 재주가 있다 32
- 13 그림의 떡 34
- 14 금강산도 식후경 36
- 15 길고 짧은 것은 대어 보아야 안다 38

ㄲ
- 16 까마귀 날자 배 떨어진다 40
- 17 꼬리가 길면 밟힌다 42
- 18 꿩 대신 닭 44
- 19 꿩 먹고 알 먹기 46

ㄴ
- 20 남의 떡이 커 보인다 48
- 21 낫 놓고 기역 자도 모른다 ... 50
- 22 낮말은 새가 듣고 밤말은 쥐가 듣는다 52
- 23 내 코가 석 자 54
- 24 누워서 떡 먹기 56

ㄷ
- 25 다 된 밥에 재 뿌리기 58
- 26 달걀로 바위 치기 60
- 27 닭 잡아먹고 오리발 내민다 .. 62
- 28 닭 쫓던 개 지붕 쳐다본다 ... 64
- 29 도둑이 제 발 저리다 66
- 30 돌다리도 두들겨 보고 건너라 68
- 31 되로 주고 말로 받는다 70
- 32 등잔 밑이 어둡다 72

ㄸ

33 땅 짚고 헤엄치기 74
34 떡 줄 사람은 생각도 않는데
   김칫국부터 마신다 76
35 똥 묻은 개가
   겨 묻은 개 나무란다 78
36 뛰는 놈 위에 나는 놈 있다 ... 80

ㅁ

37 마른하늘에 날벼락 82
38 말 한마디에
   천 냥 빚도 갚는다 84
39 말이 씨가 된다 86
40 모르면 약이요 아는 게 병 ... 88
41 목구멍이 포도청 90
42 목마른 사람이 우물을 판다 .. 92
43 물에 빠진 사람 건져 놓으니
   보따리 내놓으라 한다 94
44 믿는 도끼에 발등 찍힌다 96
45 밑 빠진 독에 물 붓기 98
46 미꾸라지 한 마리가
   온 웅덩이를 흐려 놓는다 100

ㅂ

47 바늘 가는 데 실 간다 102
48 바늘 도둑이 소도둑 된다 ... 104
49 발 없는 말이 천 리 간다 106
50 방귀 뀐 놈이 성낸다 108
51 배보다 배꼽이 더 크다 110
52 백지장도 맞들면 낫다 112
53 벼 이삭은 익을수록
   고개를 숙인다 114
54 병 주고 약 준다 116
55 빛 좋은 개살구 118

ㅅ

56 사공이 많으면 배가
   산으로 간다 120
57 서당개 삼 년이면
   풍월을 읊는다 122
58 세 살 버릇 여든까지 간다 ... 124
59 소 뒷걸음질치다 쥐잡기 126
60 소 잃고 외양간 고친다 128
61 쇠귀에 경 읽기 130
62 쇠뿔도 단김에 빼랬다 132
63 수박 겉 핥기 134
64 식은 죽 먹기 136

ㅇ
65 아니 땐 굴뚝에 연기 날까 .. 138
66 아닌 밤중에 홍두깨 140
67 어물전 망신은
   꼴뚜기가 시킨다 142
68 열 번 찍어 안 넘어가는
   나무 없다 144
69 오르지 못할 나무는
   쳐다보지도 말라 146
70 우물 안 개구리 148
71 우물을 파도 한 우물을 파라 .. 150
72 울며 겨자 먹기 152
73 원수는 외나무다리에서
   만난다 154
74 원숭이도 나무에서
   떨어진다 156
75 윗물이 맑아야
   아랫물이 맑다................. 158
76 입에 쓴 약이 몸에 좋다...... 160

ㅈ
77 자라 보고 놀란 가슴
   솥뚜껑 보고 놀란다 162
78 작은 고추가 맵다 164
79 재주는 곰이 부리고
   돈은 주인이 받는다 166
80 쥐구멍에도 볕 들 날 있다 .. 168
81 지렁이도 밟으면 꿈틀한다.. 170
82 짚신도 제짝이 있다 172

ㅊ
83 천 리 길도 한 걸음부터 174

ㅋ
84 콩 심은 데 콩 나고
   팥 심은 데 팥 난다 176
85 콩으로 메주를 쑨다 해도
   곧이듣지 않는다 178

ㅌ
86 티끌 모아 태산 180

ㅎ
87 하늘이 무너져도
   솟아날 구멍이 있다 182
88 하룻강아지
   범 무서운 줄 모른다 184
89 호랑이도 제 말 하면 온다 .. 186
90 호박이 넝쿨째로
   굴러떨어졌다 188

가는 날이 장날

무슨 뜻일까요?

볼일을 보러 간 날이 우연히 장이 열리는 날(장날)이라는 뜻이에요. 친구를 만나러 갔는데 마침 장날이라, 그 친구가 장을 보러 가는 바람에 만나지 못한 거예요. 이처럼 뜻하지 않은 일이 딱 들어맞을 때 쓰는 표현이에요.

비슷한 속담

가는 날이 생일
일을 보러 갔더니 공교롭게 생일이라는 뜻이에요.

비슷한 사자성어

오비이락(烏飛梨落) 까마귀 날자 배 떨어진다는 뜻으로 운 나쁘게 일이 잘못되는 경우를 말해요.

이렇게 사용해요!

오랜만에 공원으로 소풍 가려고 했는데 **가는 날이 장날**이라고, 갑자기 비가 내리기 시작하네.

02
가는 말이 고와야 오는 말이 곱다

무슨 뜻일까요?

내가 다른 사람에게 말이나 행동을 좋게 하면 다른 사람도 나에게 말이나 행동을 좋게 한다는 뜻이에요. 나는 친구에게 말과 행동을 나쁘게 하면서 친구가 나에게 잘 대해 주기를 바랄 수는 없겠죠? 먼저 고운 말을 쓰고 친절하게 행동해 보세요.

비슷한 속담

말 한마디에 천 냥 빚도 갚는다
말 한마디로 어려운 일도 해결할 수 있다는 뜻이에요.

이렇게 사용해요!

가는 말이 고와야 오는 말이 곱다고, 네가 먼저 동생에게 양보하면 동생도 너를 잘 따를 거야.

03 가랑비에 옷 젖는 줄 모른다

 **무슨 뜻일까요?**

가랑비는 아주 가늘게 내려 처음에는 비를 맞아도 옷이 젖는 줄 모르다가 계속 맞으면 흠뻑 젖어요. 이처럼 작은 일도 계속 쌓이면 큰일이 될 수 있다는 뜻이에요. 그러니 아무리 작은 일이라도 소홀하게 생각하면 안 되겠죠?

 비슷한 속담

마른 나무에 좀 먹듯 하다
자신도 모르는 사이에 건강이 나빠지거나 재산이 없어진다는 뜻이에요.

 **비슷한 사자성어**

우공이산(愚公移山) 한 가지 일을 꾸준히 하면 마침내 목적을 이룬다는 뜻이에요.

 이렇게 사용해요!

가랑비에 옷 젖는 줄 **모른다**더니, 살이 계속 쪄서 맞는 옷이 하나도 없네.

가재는 게 편

무슨 뜻일까요?

가재와 게는 딱딱한 등딱지와 집게발이 있는 같은 갑각류예요. 모습이나 상황이 서로 비슷한 사람끼리 서로 돕거나 편을 들어 줄 때 이런 표현을 쓴답니다.

비슷한 말

솔개는 매 편
서로 비슷한 형편끼리 잘 어울리고 감싸 주기 쉽다는 뜻이에요.

비슷한 사자성어

유유상종(類類相從) 비슷한 사람들끼리 어울린다는 뜻이에요.

이렇게 사용해요!

가재는 게 편이라고, 끝까지 동생 편만 드는구나.

05 가지 많은 나무에 바람 잘 날 없다

무슨 뜻일까요?

나무에 가지가 많고 잎이 많으면 살랑 부는 바람에도 잘 흔들려 잠시도 조용하지 않아요. 자식을 많이 둔 부모는 신경 쓸 일이 많아 걱정과 근심이 끊이지 않는다는 것을 비유적으로 표현한 말이에요.

반대되는 속담

무자식이 상팔자
자식이 없으면 걱정이 적어 편하다는 뜻이에요.

이렇게 사용해요!

가지 많은 나무에 바람 잘 날 없다더니, 5남매를 키우다 보니 하루도 조용할 날이 없구나!

간에 붙었다 쓸개에 붙었다 한다

무슨 뜻일까요?

간과 쓸개는 우리 몸속에 있는 장기예요. 기생충은 영양분을 뽑아 먹으려고 간에 붙었다 쓸개에 붙었다 한대요. 자신의 이익만을 따져 가며 여기에 붙었다 저기에 붙었다 하는 줏대 없는 사람이나 행동을 가리키는 표현이에요.

비슷한 사자성어

곡학아세(曲學阿世) 바른 길에서 벗어난 학문과 지식으로 권력자나 세상에 아첨한다는 뜻이에요.

이렇게 사용해요!

간에 붙었다 쓸개에 붙었다 하는 걸 보니, 그 사람은 기회주의자가 틀림없어!

개구리 올챙이 적 생각 못 한다

무슨 뜻일까요?

형편이 나아졌다고 해서 지난날의 어려웠던 때를 생각 못하고 잘난 체하는 경우를 가리켜요. 상황이 좋아졌다고 과거를 잊고 으스대지 말고 항상 자신을 돌아보고 겸손하게 행동해야 해요.

비슷한 사자성어

기고만장(氣高萬丈) 기운이 만 길 높이만큼 치솟는다는 뜻으로, 일이 잘되어 우쭐대는 모습을 가리켜요.

이렇게 사용해요!

내 피아노 실력을 보고 놀리다니, **개구리 올챙이 적 생각 못 하는구나.**

08 고래 싸움에 새우 등 터진다

무슨 뜻일까요?

고래처럼 크고 강한 사람들이 싸우는 바람에 새우처럼 작고 약한 사람들이 피해를 입는 상황을 나타내는 표현이에요. 강자들의 싸움으로 아무 상관없는 약자들이 피해를 보면 안 되겠지요?

비슷한 말

두꺼비 싸움에 파리 치인다
강한 사람들이 싸우는 바람에 약한 사람이 피해를 본다는 뜻이에요.

반대되는 사자성어

어부지리(漁父之利)   어부의 이득이라는 뜻으로, 두 사람이 싸우는 사이에 제3자가 이익을 본다는 말이에요.

이렇게 사용해요!

고래 싸움에 새우 등 터진다고, 강대국들의 무역 전쟁에 껴서 우리나라가 손해를 보게 생겼네.

고양이 목에 방울 달기

무슨 뜻일까요?

고양이의 목에 방울을 달면 딸랑딸랑 소리가 나서 쥐들이 고양이를 피해 도망칠 수 있어요. 하지만 고양이 목에 방울을 달겠다고 선뜻 나설 쥐는 없지요. 이처럼 실행에 옮기기 힘든 일을 두고 쓸데없이 의논만 하는 것을 가리키는 표현이에요.

비슷한 사자성어

탁상공론(卓上空論) 현실은 고려하지 않고 탁상에서 나누는 헛된 토론을 뜻해요.

이렇게 사용해요!

고양이 목에 방울 달기 말고 현실적인 대안을 생각해 보자.

10

공든 탑이 무너지랴

무슨 뜻일까요?

공들여 차곡차곡 쌓은 탑은 절대 무너지지 않는다는 뜻이에요. 무슨 일이든 정성을 다해 노력하면 반드시 좋은 결과를 얻는다는 말이지요. 여러분도 좋은 결과를 얻고 싶다면 쉽게 포기하지 말고 최선을 다해 보세요. 노력은 배신하지 않을 거예요!

반대되는 사자성어

사상누각(沙上樓閣) 　모래 위에 세운 누각이라는 뜻으로, 기초가 튼튼하지 않아 오래 견디지 못하는 것을 말해요.

이렇게 사용해요!

공든 탑이 무너지랴. 그동안 열심히 공부했으니 이번 시험은 꼭 붙을 거야.

11. 구슬이 서 말이라도 꿰어야 보배다

무슨 뜻일까요?

구슬을 아무리 많이 가지고 있어도 한 줄로 꿰어서 목걸이나 팔찌를 만들어야 보석으로서 가치가 있다는 뜻이에요. 사람의 재능이나 능력이 아무리 뛰어나더라도 그것을 잘 갈고닦아야 값지게 활용할 수 있어요. 여러분은 어떤 재능이나 능력을 갈고닦고 싶나요?

비슷한 속담

가마 속의 콩도 삶아야 먹는다
아무리 쉬운 일도 손을 대어 힘을 들여야 이익을 얻을 수 있다는 뜻이에요.

이렇게 사용해요!

구슬이 서 말이라도 꿰어야 보배라는 말처럼 아무리 타고 났어도 열심히 연습하지 않으면 멋진 가수가 될 수 없어.

굼벵이도 구르는 재주가 있다

 **무슨 뜻일까요?**

매미의 애벌레인 굼벵이는 몸통이 굵고 다리가 짧아 동작이 굼떠요. 하지만 몸을 둥그렇게 말면 땅 위를 빠르게 구를 수 있지요. 아무리 별 볼 일 없어 보이는 사람도 나름대로 한 가지 재주는 있다는 뜻이에요.

 반대되는 사자성어

다재다능(多才多能) 재주가 많고 능력도 뛰어남을 뜻해요.

 **이렇게 사용해요!**

굼벵이도 구르는 재주가 있다더니, 공부는 꼴찌지만 축구는 잘하네!

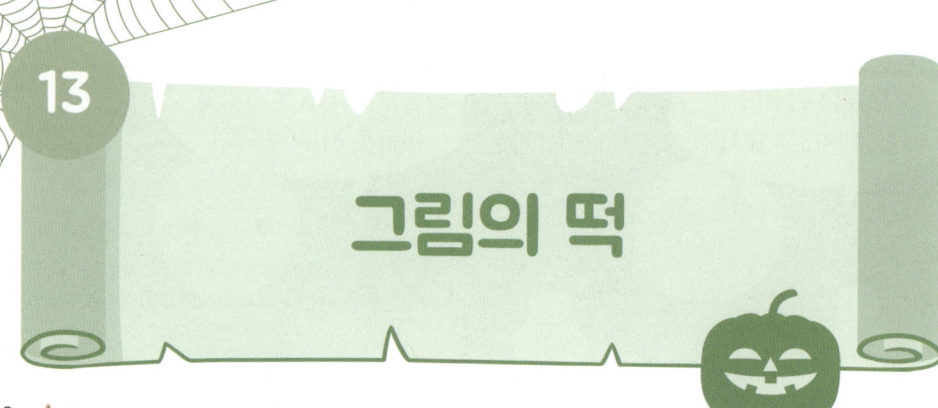

그림의 떡

무슨 뜻일까요?

아무리 맛있어 보여도 그림 속의 떡은 실제로 먹을 수 없듯이, 아무리 마음에 들어도 가질 수 없는 것을 가리켜요. 그림의 떡을 탐내기 보다는 주어진 것에 만족하는 자세를 갖는 게 어떨까요?

비슷한 사자성어

화중지병(畵中之餠) 그림의 떡처럼 볼 수만 있고 실제로는 쓸모없다는 뜻이에요.

이렇게 사용해요!

최신 스마트폰이 너무 갖고 싶은데, **그림의 떡**이네!

14

금강산도 식후경

무슨 뜻일까요?

아름다운 금강산의 풍경도 배가 불러야 제대로 볼 수 있다는 뜻이에요. 아무리 멋진 풍경이나 재미있는 일도 배가 고프거나 불편한 일이 있으면 제대로 즐길 수 없다는 말이지요.

비슷한 속담

수염이 대 자라도 먹어야 양반
배가 불러야 체면도 차릴 수 있다는 뜻이에요.

이렇게 사용해요!

금강산도 식후경이라고, 점심부터 먹고 놀이동산에 갈까?

길고 짧은 것은 대어 보아야 안다

무슨 뜻일까요?

길이가 긴지 짧은지는 직접 자를 대고 재어 봐야 안다는 뜻이에요. 잘하고 못하는 것, 크고 작은 것, 이기고 지는 것은 직접 경험해 봐야 확실히 알 수 있어요. 어림짐작만으로 무언가를 평가하면 실수할 수 있답니다.

비슷한 속담

밥인지 죽인지는 솥뚜껑을 열어 보아야 안다
일이 어떻게 될지는 끝까지 결과를 봐야 알 수 있다는 뜻이에요.

이렇게 사용해요!

길고 짧은 것은 대어 보아야 안다고, 오늘 한번 승부를 겨뤄 보자!

까마귀 날자 배 떨어진다

무슨 뜻일까요?

나무에 앉아 있던 까마귀가 날아가려는데 때마침 나무에서 배가 떨어졌어요. 이를 본 사람은 까마귀가 배를 떨어뜨렸다고 생각할 수 있겠죠? 이처럼 아무 상관없는 두 가지 일이 우연히 동시에 일어나, 어떤 관계가 있는 것처럼 의심받는 상황을 뜻해요.

비슷한 속담

죄지은 놈 옆에 오면 방귀도 못 뀐다
아무 잘못이 없지만 괜히 의심을 받게 될까 봐 조심한다는 뜻이에요.

이렇게 사용해요!

까마귀 날자 배 떨어진다고, 컴퓨터를 켜 놓고 보니 고장 나 있었어.

17. 꼬리가 길면 밟힌다

무슨 뜻일까요?

꼬리가 긴 동물은 꼬리가 밟히기 쉽고 눈에도 잘 띄어요. 나쁜 일은 아무리 다른 사람 모르게 하더라도 여러 번 반복하면 언젠가는 들킨다는 뜻이에요. 그러니 나쁜 일은 처음부터 하지 말아야겠죠?

비슷한 속담

고삐가 길면 밟힌다
나쁜 일은 아무리 남모르게 하더라도 결국 들키고 만다는 뜻이에요.

이렇게 사용해요!

꼬리가 길면 밟힌다더니, 결국 거짓말이 들통났구나!

꿩 대신 닭

 **무슨 뜻일까요?**

꿩이 필요한데 꿩이 없어서 닭으로 대신한다는 뜻이에요.
지금 쓰기에 적당한 것이 없을 때 그보다는 못하지만 비슷한 것으로 대신하는 경우에 쓰는 말이에요.

 **비슷한 사자성어**

임시방편(臨時方便)   상황에 따라 일시적으로 사용하는 방법을 뜻해요.

 **이렇게 사용해요!**

꿩 대신 닭이라고, 놀이공원 대신 동네 공원이라도 가자.

19. 꿩 먹고 알 먹기

무슨 뜻일까요?

꿩을 잡아먹고 동시에 꿩의 알도 얻는다는 뜻이에요. 한 가지 일을 해서 두 가지 이상의 이득을 볼 때 쓰는 말이에요. 꿩은 모성애가 강해 알을 품고 있을 때는 잘 도망가지 않는다고 해요. 그래서 이런 속담이 생겼어요.

비슷한 속담

도랑 치고 가재 잡기
도랑을 만들려고 돌을 옮기다가 돌 밑에 있던 가재도 잡는다는 뜻이에요.

비슷한 사자성어

일석이조(一石二鳥) 돌 하나를 던져 두 마리 새를 잡는다는 뜻이에요.

이렇게 사용해요!

대청소하다가 만 원을 주웠어. 집도 깨끗해지고 용돈도 생기고 **꿩 먹고 알 먹기**지.

남의 떡이 커 보인다

무슨 뜻일까요?

남이 가지고 있는 것이 내가 가지고 있는 것보다 더 좋아 보인다는 뜻이에요. 다른 사람과 비교하지 말고 내가 가진 것에 만족하고 감사하는 태도를 지녀야 해요.

비슷한 속담

남의 밥에 든 콩이 굵어 보인다
남의 것이 제 것보다 좋아 보인다는 뜻이에요.

이렇게 사용해요!

남의 떡이 커 보인다고, 내 돈가스보다 네 돈가스가 더 큰 것 같아.

21. 낫 놓고 기역 자도 모른다

무슨 뜻일까요?

낫은 풀이나 곡식을 벨 때 사용하는 'ㄱ' 자 모양의 도구예요. 낫을 보고도 'ㄱ' 자를 모를 정도로 아는 것이 없다는 것을 비유하는 표현이에요. 아는 것이 없어 부끄럽지 않으려면 열심히 공부해야겠죠?

비슷한 사자성어

우이독경(牛耳讀經) 쇠귀에 경 읽기라는 뜻으로 아무리 가르쳐도 알아듣지 못한다는 말에요.

이렇게 사용해요!

풀이 과정을 보고도 모르다니, **낫 놓고 기역 자도 모르는구나.**

22. 낮말은 새가 듣고 밤말은 쥐가 듣는다

무슨 뜻일까요?

낮에 하는 말은 새가 듣고 밤에 하는 말은 쥐가 들으니 항상 말조심해야 한다는 뜻이에요. 아무리 비밀스럽게 한 말도 결국 다른 사람의 귀에 들어갈 수 있으니 조심해야 해요. 특히 남의 험담은 애초에 하지 않는 것이 좋겠죠?

비슷한 속담

발 없는 말이 천리 간다
소문은 쉽게 빨리 퍼지니 말조심하라는 뜻이에요.

이렇게 사용해요!

쉿! **낮말은 새가 듣고 밤말은 쥐가 듣는다**고, 지금 우리 말을 누가 듣고 있을지 몰라.

내 코가 석 자

무슨 뜻일까요?

석 자나 나와 있는 내 코도 닦지 못하고 있는데 누구를 걱정할 수 있겠냐는 뜻이에요. 여기서 코는 콧물을, 석 자는 약 1미터 정도의 길이를 의미해요. 내 사정이 너무 급해 다른 사람의 사정까지 돌볼 여유가 없을 때 쓰는 표현이랍니다.

비슷한 사자성어

풍전등화(風前燈火)   바람 앞에 등불이라는 뜻으로 몹시 위태로운 상태를 말해요.

이렇게 사용해요!

지금 **내 코가 석 자**라 널 도와주기 힘들어.

24. 누워서 떡 먹기

 무슨 뜻일까요?

편한 자세로 누워서 떡을 먹는 것만큼 쉬운 일도 없을 거예요. 이처럼 아주 쉬운 일을 가리키는 표현이에요. 여러분에게 누워서 떡 먹기인 일은 뭐가 있을까요?

 비슷한 속담

식은 죽 먹기
식은 죽을 먹는 일처럼 하기 쉬운 일을 뜻해요.

이렇게 사용해요!

구구단 외우는 건 이제 **누워서 떡 먹기**예요.

25

다 된 밥에 재 뿌리기

무슨 뜻일까요?

재는 불에 타고 남은 가루를 말해요. 밥이 다 되었는데 재를 뿌려서 먹지 못하게 된 것처럼, 거의 다 된 일을 막판에 망치게 된 경우를 가리키는 표현이에요. 어떤 일을 할 때는 마지막까지 실수하지 않도록 신중하고 조심해야겠죠!

비슷한 속담

다 된 죽에 코 풀기
거의 다 해 놓은 일을 방해하는 것을 뜻해요.

이렇게 사용해요!

힘들게 한 작문 숙제에 우유를 쏟다니! **다 된 밥에 재 뿌렸네.**

26. 달걀로 바위 치기

무슨 뜻일까요?

달걀로 바위를 치면 어떻게 될까요? 달걀은 깨져 버리지만 바위는 끄떡없겠지요. 이처럼 맞서 싸웠을 때 도저히 이길 수 없는 경우를 뜻해요. 이익을 얻기는커녕 손해만 볼 수 있는 무모하고 어리석은 일을 가리키지요.

비슷한 속담

바위에 머리 받기
아무리 대항해도 도저히 이길 수 없는 경우를 뜻해요.

이렇게 사용해요!

엄마에게 최신형 게임기를 사 달라고 조르는 건 **달걀로 바위 치기**나 마찬가지야.

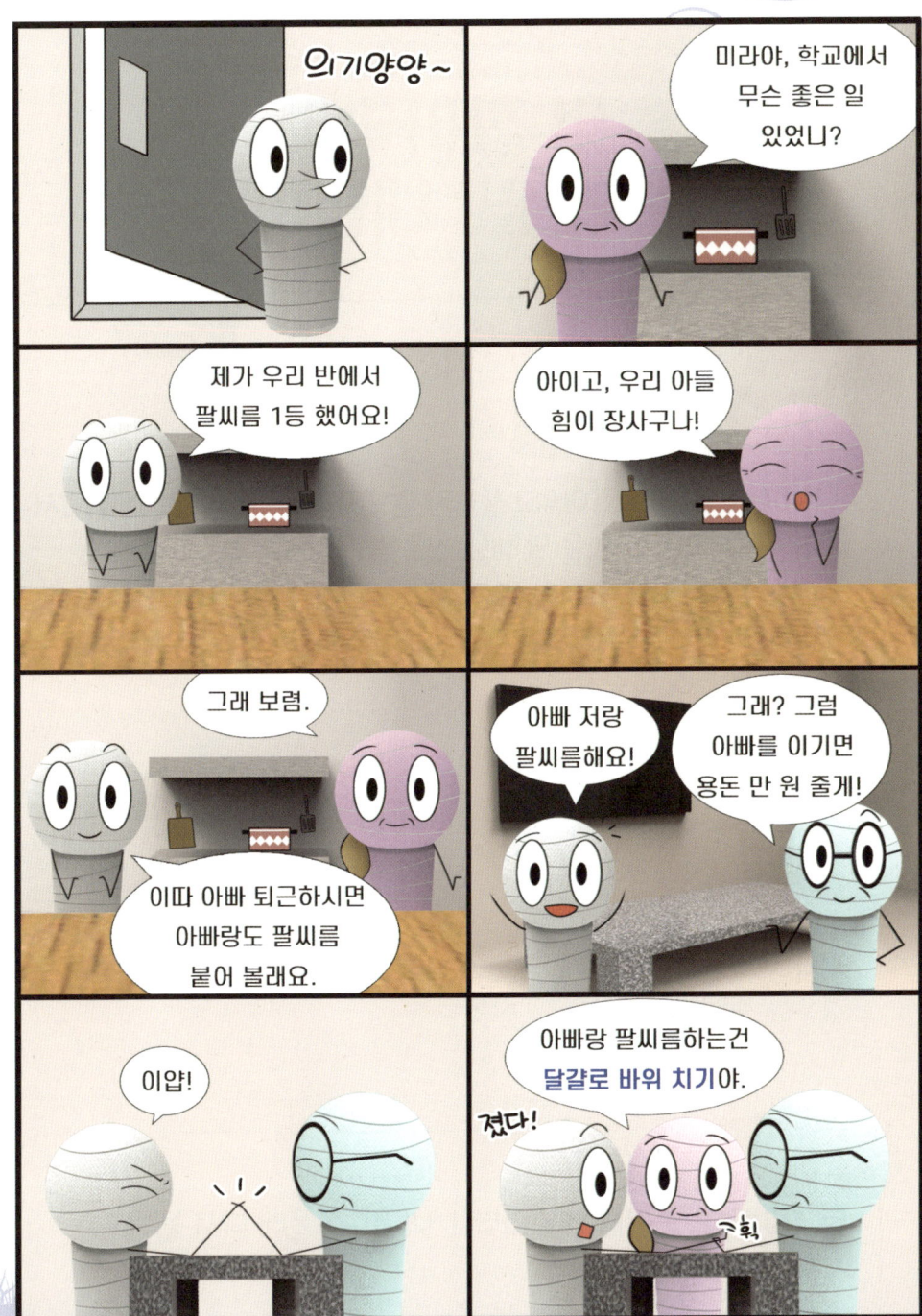

27

닭 잡아먹고 오리발 내민다

무슨 뜻일까요?

남의 집 닭을 몰래 잡아먹고 들키지 않으려고 오리를 먹었다고 하면서 오리발을 내미는 상황을 말해요. 잘못을 저지르고 얕은 꾀로 남을 속이는 경우에 쓰는 표현이지요. 거짓말로 순간의 위기는 넘길 수 있겠지만 거짓말은 또 다른 거짓말을 부르게 되니, 처음부터 잘못을 인정하는 것이 바람직해요.

비슷한 속담

손바닥으로 하늘 가리기
손바닥으로 하늘을 가릴 수는 없어요. 얕은 수로 잘못을 숨기려는 경우를 뜻해요.

이렇게 사용해요!

닭 잡아먹고 오리발 내민다더니, 내 음료수 몰래 마셔 놓고 시치미를 뚝 떼네!

닭 쫓던 개 지붕 쳐다본다

무슨 뜻일까요?

개가 열심히 닭을 쫓고 있어요. 그런데 닭이 지붕으로 푸드덕 날아서 올라가자 개는 쫓아 올라가지 못하고 지붕만 멀뚱멀뚱 쳐다보고 있지요. 이처럼 애써 노력하던 일이 허무하게 실패로 돌아가는 경우에 쓰는 말이에요.

반대되는 속담

공든 탑이 무너지랴
공들여 쌓은 탑은 무너지지 않듯이 정성을 다해 노력하면 반드시 좋은 결과를 얻는다는 뜻이에요.

이렇게 사용해요!

열심히 공부했는데 지각하는 바람에 수학 시험 망치고 말았어.
닭 쫓던 개 지붕 쳐다보는 꼴이 되었네.

29

도둑이 제 발 저리다

무슨 뜻일까요?

도둑이 자신의 잘못이 탄로 날까 봐 긴장한 나머지 발이 저린다는 뜻이에요. '저리다'라는 말은 피가 통하지 않아 감각이 둔해진다는 뜻인데, 당황하거나 긴장하면 그럴 수 있어요. 죄를 지은 사람은 마음이 조마조마해 결국 자기 잘못을 드러내게 된답니다.

비슷한 속담

도둑이 포도청 간다
지은 죄가 있으면 마음이 불안해 결국 죄가 드러나게 된다는 뜻이에요.

이렇게 사용해요!

혹시 여기 있던 내 쿠키 먹었니? **도둑이 제 발 저리다**고, 네 표정이 너무 불안해 보여.

30
돌다리도 두들겨 보고 건너라

무슨 뜻일까요?

돌로 만든 다리는 튼튼해서 무너질 염려가 없어요. 그래도 건너기 전에 한번 두들겨 보고 확인하면 더 안전하지요. 이처럼 아무리 잘 아는 일도 꼼꼼하게 주의를 기울이는 지혜가 필요하다는 뜻이에요. 그럼 실수할 일도 줄어들겠죠?

비슷한 속담

아는 길도 물어 가라
잘 아는 길도 다시 한번 물어보고 갈 정도로 준비를 잘하고 조심하라는 뜻이에요.

이렇게 사용해요!

돌다리도 두들겨 보고 건너라고, 기계를 사용할 때에는 항상 조심해야 해.

31. 되로 주고 말로 받는다

무슨 뜻일까요?

'되'와 '말'은 곡식을 재는 단위예요. 되는 약 1.8리터, 말은 약 18리터로 되와 말은 무려 10배나 차이가 나지요. 그래서 조금 주고 훨씬 많은 대가를 받는 경우에 쓰는 표현이에요. 나에게 베푼 은혜에 보답해 더 큰 것으로 돌려준다는 좋은 뜻도 있지만, 나에게 입힌 피해에 대해 더 크게 앙갚음한다는 뜻도 있어요.

비슷한 속담

가는 방망이 오는 홍두깨
남에게 나쁜 일을 하면 더 큰 화를 입게 된다는 뜻이에요.

이렇게 사용해요!

아이스크림 하나 사 줬는데 케이크로 갚다니, **되로 주고 말로 받았어.**

32

등잔 밑이 어둡다

무슨 뜻일까요?

옛날, 전기가 없던 시절에는 방을 밝힐 때 등잔이라는 것을 사용했어요. 등잔은 주변은 밝게 비추지만 바로 밑은 그림자 때문에 오히려 어두워요. 그래서 무언가 가까이 있어도 알아보지 못하거나 찾지 못할 때 이렇게 표현한답니다.

비슷한 속담

업은 아이 삼 년 찾는다
무엇을 몸에 지니거나 가까이 두고도 찾지 못하는 경우를 비유하는 표현이에요.

이렇게 사용해요!

등잔 밑이 어둡다더니, 바로 앞 책상에 있는 지갑을 한참 찾았잖아.

땅 짚고 헤엄치기

 **무슨 뜻일까요?**

얕은 물에서 땅에 손을 짚고 헤엄쳐 봤나요? 수영을 못하는 사람이라도 할 수 있을 만큼 쉬운 일이에요. 그래서 아주 쉬운 일을 가리킬 때 이렇게 표현한답니다. 여러분에게 땅 짚고 헤엄치는 것만큼 쉬운 일은 무엇인가요?

 비슷한 속담

누워서 떡 먹기
편한 자세로 누워서 떡을 먹는 것만큼 쉬운 일을 뜻해요.

 이렇게 사용해요!

이제 영어로 일기 쓰기는 **땅 짚고 헤엄치기**야.

34
떡 줄 사람은 생각도 않는데 김칫국부터 마신다

무슨 뜻일까요?

옛날에는 떡을 먹기 전에 목이 메지 말고 소화가 잘되라고 김칫국을 미리 마셨어요. 이웃집에서 떡을 만들면 떡을 줄 거라 생각하고 미리 김칫국을 마신다는 뜻이에요. 아직 일어나지도 않은 일을 지레짐작해 성급하게 행동하는 것을 지적할 때 쓰는 표현이랍니다.

비슷한 속담

우물에서 숭늉 찾는다
일의 절차를 무시하고 성급하게 재촉하거나 서두르는 태도를 뜻해요.

이렇게 사용해요!

아직 소풍을 갈지 말지 정해지지 않았는데 간식을 챙기네.
떡 줄 사람은 생각도 않는데 김칫국부터 마시는구나.

똥 묻은 개가 겨 묻은 개 나무란다

무슨 뜻일까요?

벼, 보리, 조 등 곡식의 벗겨 낸 껍질을 '겨'라고 불러요. 겨보다는 똥이 더 더러운데도 똥 묻은 개가 겨 묻은 개를 흉본다는 건 뭔가 이상하죠? 이처럼 자기가 가진 큰 단점은 보지 못하고 남의 작은 단점만 지적하는 경우를 가리키는 표현이에요.

비슷한 속담

사돈 남 말한다
자신도 같은 잘못이 있으면서 남의 잘못만 나무란다는 뜻이에요.

이렇게 사용해요!

똥 묻은 개가 겨 묻은 개 나무란다더니, 숙제를 하나도 안 한 네가 한 페이지 못한 나한테 뭐라 하다니.

뛰는 놈 위에 나는 놈 있다

 **무슨 뜻일까요?**

아무리 재주가 뛰어난 사람이라도 그보다 더 훌륭한 사람이 있게 마련이에요. 토끼가 아무리 빨라도 독수리를 쫓아가지 못하는 것처럼 말이지요. 자신이 세상에서 가장 잘난 사람인 것처럼 우쭐대다가는 망신당할 수 있으니 늘 겸손한 마음을 가져야겠지요?

 **비슷한 속담**

치 위에 치가 있다
아무리 잘났더라도 더 잘난 사람이 있다는 뜻이에요.

 **이렇게 사용해요!**

나한테 팔씨름 이겼다고 끝이 아니야. **뛰는 놈 위에 나는 놈 있으니까.**

37

마른하늘에 날벼락

무슨 뜻일까요?

마른하늘은 비나 눈이 오지 않은 맑게 갠 하늘을 의미해요. 날벼락은 느닷없이 치는 번개를 가리키고요. 맑은 하늘에 갑자기 번개가 치는 것처럼, 예상치 못한 나쁜 일을 당하는 경우에 쓰는 표현이에요.

비슷한 속담

앉아서 벼락 맞다
가만히 있다가 뜻밖의 나쁜 일을 당하는 것을 뜻해요.

이렇게 사용해요!

마른하늘에 날벼락이라고 잘 달리던 자전거 바퀴에 펑크가 났어.

38
말 한마디에 천 냥 빚도 갚는다

무슨 뜻일까요?

'냥'은 옛날에 동전을 세던 단위예요. 말을 잘하면 천 냥이나 되는 큰 빚도 갚을 수 있다는 뜻이에요. 말을 예의 바르고 진정성 있게 잘하면 어렵고 불가능해 보이는 일도 해결할 수 있다는 의미랍니다.

비슷한 속담

가는 말이 고와야 오는 말도 곱다
내가 남에게 좋은 말을 하면 남도 나에게 좋은 말을 한다는 뜻이에요.

이렇게 사용해요!

말 한마디에 천 냥 빚도 갚는다고 진심으로 사과하면 친구가 용서해 줄 거야.

39. 말이 씨가 된다

무슨 뜻일까요?

별 생각 없이 한 말이 실제로 이루어질 수 있다는 뜻이에요. 좋은 말을 하면 좋은 결과가 생기고 나쁜 말을 하면 나쁜 결과가 생겨요. 그러니 되도록 긍정적인 말을 하고 부정적인 말은 하지 않는 게 좋겠죠?

비슷한 속담

말 한마디에 천 냥 빚도 갚는다
말을 잘하면 큰 빚도 갚을 수 있다는 뜻으로 말의 중요성을 강조하는 표현이에요.

이렇게 사용해요!

자전거 타면서 넘어질 것 같다고 말하지 마! **말이 씨가 된다**고 했어.

모르면 약이요 아는 게 병

 **무슨 뜻일까요?**

아무것도 모르면 차라리 마음이라도 편하지만, 조금 알고 있으면 걱정거리만 생겨서 오히려 몸과 마음에 해롭다는 뜻이에요. 좋지 않은 일이라면 그냥 모르고 지나가는 것이 더 나을 때도 있답니다.

 **비슷한 사자성어**

식자우환(識字憂患) 글자를 알면 근심이 생긴다는 말로, 너무 많이 알면 쓸데없는 걱정도 많다는 뜻이에요.

 **이렇게 사용해요!**

모르면 약이요 아는 게 병이라고, 어제 먹은 우유가 유통 기한이 지난 걸 알게 되니 배탈 날까 봐 걱정되네.

41

목구멍이 포도청

 **무슨 뜻일까요?**

계속 굶주리면 자신도 모르게 범죄를 저질러 포도청에 잡혀간다는 뜻이에요. '포도청'은 옛날에 죄지은 사람을 벌하는 곳으로 경찰서 같은 곳이에요. 먹고 살기 위해 수단과 방법을 가리지 않을 만큼 힘든 상황을 나타내는 표현이에요.

 비슷한 속담

사흘을 굶으면 못할 노릇이 없다
한참을 굶으면 못할 짓이 없다는 뜻이에요.

 이렇게 사용해요!

목구멍이 포도청이라 배가 너무 고파서 네 김밥 좀 먹었어.

42. 목마른 사람이 우물을 판다

무슨 뜻일까요?

무언가 절실히 필요한 사람이 그것을 서둘러 찾게 된다는 뜻이에요. 우물은 옛날에 물을 얻기 위해 땅을 파서 지하수를 모아 놓은 시설을 말해요. 여러분도 지금 당장 간절하게 필요한 것이 있나요?

비슷한 속담

우는 아이 젖 준다
무슨 일이든 적극적으로 요구해야 원하는 것을 얻을 수 있다는 뜻이에요.

이렇게 사용해요!

목마른 사람이 우물을 판다고, 배가 너무 고프니 내가 요리를 다 하게 되네.

43. 물에 빠진 사람 건져 놓으니 보따리 내놓으라 한다

무슨 뜻일까요?

물에 빠진 사람을 구해 주었는데 보따리를 내놓으라고 생트집을 잡는다는 뜻이에요. 은혜를 입은 사람이 고마워하기는커녕 오히려 무례하게 구는 경우를 말하지요. 누군가의 도움을 받았다면 감사하는 마음을 갖는 게 당연하겠죠?

비슷한 사자성어

배은망덕(背恩忘德) 베풀어 준 은혜는 잊어버리고 도리어 배신하는 것을 뜻해요.

이렇게 사용해요!

물에 빠진 사람 건져 놓으니 보따리 내놓으라 한다더니, 배고프다고 해서 라면을 끓여 줬더니 왜 달걀을 안 넣었냐고 나무란다.

44

믿는 도끼에 발등 찍힌다

무슨 뜻일까요?

평소 잘 사용하던 도끼에도 실수로 발등을 찍힐 수가 있어요. 당연히 잘되리라고 생각하던 일이 실패하거나 믿는 사람에게 배신을 당했을 때 쓰는 표현이에요. 아무리 익숙하고 쉬운 일도 순간의 실수로 잘못될 수 있으니 신중해야 해요.

비슷한 속담

돌다리도 두들겨 보고 건너라
잘 아는 일도 조심해야 실수하지 않는다는 뜻이에요.

이렇게 사용해요!

믿는 도끼에 발등 찍힌다더니, 가장 친하다고 생각한 친구가 내 험담을 하고 다닐 줄이야.

45. 밑 빠진 독에 물 붓기

무슨 뜻일까요?

항아리에 아무리 물을 부어도 채울 수 없다는 뜻이에요. 여기서 '독'은 항아리를 가리키고 '밑이 빠졌다'는 것은 바닥에 구멍이 났다는 말이에요. 아무리 애를 써도 보람이 없는 헛된 일을 비유하는 표현이에요.

비슷한 속담

쇠귀에 경 읽기
아무리 좋은 말을 해 줘도 알아듣지 못해 헛고생한다는 뜻이에요.

이렇게 사용해요!

수학 기초를 다지지 않고 하는 공부는 **밑 빠진 독에 물 붓기**처럼 하나 마나야.

46

미꾸라지 한 마리가 온 웅덩이를 흐려 놓는다

무슨 뜻일까요?

미꾸라지 한 마리가 헤엄치고 돌아다니면 맑았던 웅덩이가 흙탕물이 돼요. 한 사람의 잘못된 행동이 주변 사람들이나 그가 속한 집단 전체에 나쁜 영향을 미치는 경우를 가리키는 표현이에요.

비슷한 속담

어물전 망신은 꼴뚜기가 다 시킨다
못난 사람이 주변에 있는 사람들까지 망신 시킨다는 뜻이에요.

이렇게 사용해요!

미꾸라지 한 마리가 온 웅덩이를 흐려 놓는다더니, 말썽꾸러기 지호 하나 때문에 수업 분위기가 안 좋네.

47. 바늘 가는 데 실 간다

무슨 뜻일까요?

바느질을 하려면 바늘과 실이 필요해요. 둘 중 하나만 없어도 옷을 꿰맬 수가 없지요. 이처럼 떼려야 뗄 수 없는 아주 가까운 관계를 가리키는 표현이에요. 여러분에게도 바늘과 실 같은 단짝 친구가 있나요?

비슷한 사자성어

수어지교(水魚之交) 물과 물고기처럼 아주 가까운 친구 사이를 가리켜요.

이렇게 사용해요!

바늘 가는 데 실 간다고, 서준이랑 하윤이는 항상 붙어 다니는구나.

48
바늘 도둑이 소도둑 된다

무슨 뜻일까요?

처음에는 바늘처럼 작은 것을 훔치던 도둑이 나중에는 소처럼 큰 것을 훔치게 된다는 뜻이에요. 아무리 사소해도 나쁜 일을 반복하다 보면 결국 큰 잘못을 저지를 수 있어요. 여러분은 별것 아니라고 생각해 무심코 저지르는 잘못이 없는지 잘 생각해 봐요.

비슷한 속담

바늘 쌈지에서 도둑이 난다
작은 잘못을 반복하다 보면 나중에는 큰 잘못도 저지르게 된다는 뜻이에요.

이렇게 사용해요!

이번엔 작은 지우개 하나를 훔쳤지만, **바늘 도둑이 소도둑 된다**고, 나중엔 뭘 훔칠지 몰라.

49. 발 없는 말이 천 리 간다

무슨 뜻일까요?

사람의 입에서 나오는 말이 달리는 말보다 더 빠르게, 더 멀리 퍼진다는 뜻이에요. 무심코 내뱉은 말이나 소문은 순식간에 퍼질 수 있으니 늘 말과 행동을 조심해야 해요.

비슷한 속담

낮말은 새가 듣고 밤말은 쥐가 듣는다
우리가 하는 말을 누구든 들을 수 있으니 늘 조심해야 하다는 뜻이에요.

이렇게 사용해요!

발 없는 말이 천 리 간다니, 예서랑 민지가 다툰 이야기가 벌써 학교에 쫙 퍼졌어.

방귀 뀐 놈이 성낸다

무슨 뜻일까요?

자기가 방귀를 뀌고 오히려 다른 사람에게 화를 낸다는 뜻이에요.
잘못은 자신이 저지르고 잘못이 없는 사람을 탓하는 경우를 가리키는
표현이지요. 잘못을 저질렀다면 스스로 반성하고 사과하는 것이
바람직한 자세겠죠?

비슷한 사자성어

적반하장(賊反荷杖) 도둑이 몽둥이를 든다는 뜻으로, 잘못한 사람이
도리어 잘못이 없는 사람을 나무라는 경우를
가리켜요.

이렇게 사용해요!

방귀 뀐 놈이 성낸다고, 컵은 자기가 깨뜨려 놓고 왜 나한테
화를 내지?

51. 배보다 배꼽이 더 크다

무슨 뜻일까요?

배보다 더 큰 배꼽은 없어요. 주된 것보다 거기에 딸려 있는 것이 더 많거나 클 때, 이를 비유적으로 표현한 말이에요. 부차적인 것을 더 중요하게 여기는 잘못을 피하려면 처음부터 올바른 판단을 해야겠죠?

비슷한 사자성어

주객전도(主客顚倒) 주인과 손님의 입장이 바뀌었다는 뜻으로, 중요한 것과 중요하지 않은 것의 순서나 차례가 뒤바뀌었다는 말이에요.

이렇게 사용해요!

밥보다 후식이 더 비싸다니, **배보다 배꼽이 더 크구나!**

52

백지장도 맞들면 낫다

무슨 뜻일까요?

백지장은 하얀 종이를 가리키고, 맞든다는 것은 양쪽에서 마주 든다는 뜻이에요. 가벼운 종이도 둘이 같이 들면 더 가볍듯이, 쉬운 일도 힘을 합치면 훨씬 더 쉽게 할 수 있다는 표현이에요.

비슷한 사자성어

십시일반(十匙一飯)   10명이 밥 한 숟가락씩 모으면 밥 한 그릇이 된다는 뜻으로, 여러 사람이 힘을 합치면 큰 힘이 된다는 말이에요.

이렇게 사용해요!

백지장도 맞들면 낫다고, 너랑 짐을 같이 드니까 훨씬 가볍다.

53. 벼 이삭은 익을수록 고개를 숙인다

무슨 뜻일까요?

벼가 익으면 이삭이 무거워져 고개를 숙인 듯한 모습이 돼요. 꽉 찬 벼 이삭이 고개를 숙이는 것처럼, 인격이나 지식이 높을수록 스스로를 낮추고 겸손해야 함을 나타내는 말이에요.

반대되는 속담

빈 수레가 요란하다
별 볼일 없는 사람이 오히려 더 잘난 체한다는 뜻이에요.

이렇게 사용해요!

벼 이삭은 익을수록 고개를 숙인다고, 은우는 우리 반 수학 1등인데도 잘난 체하지 않아.

병 주고 약 준다

무슨 뜻일까요?

다른 사람을 어려움에 빠트리고 나서 마치 선심을 쓰듯 도와주는 것을 뜻해요. 교활하고 음흉한 사람의 행동을 비유적으로 나타내는 표현이에요.

비슷한 사자성어

양두구육(羊頭狗肉) 양 머리에 개고기라는 뜻으로, 겉과 속이 다르다는 말이에요.

이렇게 사용해요!

아까는 나한테 화를 내더니 갑자기 빵을 사 주겠다고? **병 주고 약 주는 거야?**

빛 좋은 개살구

 **무슨 뜻일까요?**

겉보기에는 먹음직스러운 빛깔을 띠고 있지만 먹어 보면 맛이 없는 개살구를 뜻해요. 겉만 그럴 듯하고 속은 별 볼일 없는 경우를 가리키는 표현이에요.

 비슷한 속담

소문난 잔치에 먹을 것 없다
소문이나 큰 기대에 비해 실속 없는 경우를 빗대어 하는 말이에요.

 이렇게 사용해요!

예뻐서 산 신발인데, 신으면 너무 발이 아파. 휴, **빛 좋은 개살구**야.

사공이 많으면 배가 산으로 간다

 **무슨 뜻일까요?**

배를 모는 사공이 여러 명이면 서로 자기가 원하는 대로 몰려고 해, 배가 엉뚱하게 산으로 간다는 뜻이에요. 어떤 일을 할 때 지시하고 간섭하는 사람이 많으면 일이 제대로 돌아가기 어렵다는 말이에요.

 반대되는 속담

백지장도 맞들면 낫다
쉬운 일도 여럿이 힘을 합치면 더 쉽게 할 수 있다는 뜻이에요.

 **이렇게 사용해요!**

사공이 많으면 배가 산으로 간다더니, 여러 사람 의견을 들으니 점심에 뭘 먹어야 할지 모르겠어.

57 서당개 삼 년이면 풍월을 읊는다

무슨 뜻일까요?

서당은 옛날에 글을 가르치던 곳이에요. 서당에서 키우는 개도 학생들이 공부하는 소리를 오래 듣다 보면 아름다운 자연을 노래하는 풍월을 따라 외울 수 있다는 말이에요. 아는 것이 없어도 한 분야에 오래 있다 보면 얻어듣는 지식이 생긴다는 뜻이랍니다.

비슷한 사자성어

당구풍월(堂狗風月) 서당에서 키우는 개가 풍월을 읊는다는 뜻으로, 어떤 일을 오래 하게 되면 그 일이 익숙해진다는 말이에요.

이렇게 사용해요!

서당개 삼 년이면 풍월을 읊는다고, 엄마가 피아노 선생님이라 나도 피아노는 조금 칠 줄 알아.

세 살 버릇 여든까지 간다

 무슨 뜻일까요?

세 살 때 생긴 버릇은 나이가 들어 여든 살이 되어도 그대로 갖고 있다는 말이에요. 그만큼 한번 들인 버릇은 쉽게 고칠 수 없다는 뜻이지요. 그러니 처음에 나쁜 습관이 들지 않도록 조심하고 좋은 습관을 갖도록 노력해야겠죠?

 비슷한 속담

제 버릇 남 못 준다
한번 들인 나쁜 버릇은 쉽게 고쳐지지 않는다는 뜻이에요.

 이렇게 사용해요!

세 살 버릇 여든까지 가니까 지금부터 정리 정돈 습관을 잘 들여야 해.

59. 소 뒷걸음질 치다 쥐잡기

무슨 뜻일까요?

소가 뒷걸음질치다가 얼떨결에 쥐를 밟아서 잡게 된다는 뜻이에요. 우연히 생각치도 못한 행운을 얻게 되었을 때 쓰는 표현이랍니다. 여러분도 뜻하지 않은 행운을 잡았던 경험이 있나요?

반대되는 속담

뒤로 넘어져도 코가 깨진다
운이 없는 사람은 좋은 기회가 찾아와도 일이 안 풀리는 경우를 뜻해요.

이렇게 사용해요!

답을 잘못 썼는데 그게 정답이었어. **소 뒷걸음질 치다가 쥐 잡은** 셈이지.

소 잃고 외양간 고친다

 **무슨 뜻일까요?**

소를 도둑맞고 나서 소를 키우던 빈 외양간의 망가진 곳을 고친다는 뜻이에요. 이미 잘못을 저지르고 나서 손을 써 봤자 아무 소용이 없다는 말이지요. 무슨 일이든 나중에 후회하지 않으려면 미리미리 준비를 해 두는 것이 좋겠죠?

 반대되는 사자성어

유비무환(有備無患) 미리 준비가 되어 있으면 걱정할 것이 없다는 뜻이에요.

 **이렇게 사용해요!**

소 잃고 외양간 고친다더니, 리코더 수행 평가 망치고 나서 연습하면 뭐 해?

쇠귀에 경 읽기

 **무슨 뜻일까요?**

쇠귀는 소의 귀를 말해요. 짐승인 소에게 경전을 가르쳐 준다는 말이에요. 아무리 말해 주고 가르쳐도 이해를 못하거나 관심을 갖지 않는 사람을 비유하는 속담이랍니다.

 반대되는 속담

하나를 들으면 열을 안다
한 가지만 알려 줘도 10가지 사실을 미루어 알아낼 만큼 똑똑하다는 뜻이에요.

 이렇게 사용해요!

밥 먹고 바로 양치하라고 몇 번을 일러줘도 **쇠귀에 경 읽기**구나!

쇠뿔도 단김에 빼랬다

 **무슨 뜻일까요?**

단단히 박혀 있는 소의 뿔도 불로 달구어 놓은 김에 뽑으라는 뜻이에요. 어떤 일이든 하려고 마음먹었을 때는 망설이지 말고 곧장 행동해야 한다는 말이지요. 여러분도 마음먹은 일이 있다면 미루지 말고 바로 실천해 보세요.

 **비슷한 속담**

떡 본 김에 제사 지낸다
우연히 좋은 기회가 왔을 때 하려던 일을 해치운다는 뜻이에요.

 **이렇게 사용해요!**

쇠뿔도 단김에 빼랬다고, 치과에 온 김에 충치 치료하자.

수박 겉 핥기

무슨 뜻일까요?

맛있는 수박을 먹으려면 먹기 좋게 잘라서 빨간 속을 먹어야 해요. 딱딱한 겉껍질을 핥으면 수박이 무슨 맛인지 모르지요. 속은 제대로 모르고 겉만 보고 대충 아는 척하는 것을 비유하는 표현이에요.

비슷한 사자성어

주마간산(走馬看山) 말을 타고 달리면서 산을 본다는 뜻으로, 대충 보고 지나간다는 말이에요.

이렇게 사용해요!

수박 겉 핥기 식으로 공부하면 금방 다 잊어버려.

64 식은 죽 먹기

무슨 뜻일까요?

뜨거운 죽은 먹기 힘들지만 식은 죽은 먹기 쉬워요. 큰 어려움 없이 하기 쉬운 일을 비유하는 말이에요. 여러분에게 식은 죽 먹기처럼 쉬운 일은 무엇이 있나요?

비슷한 속담

누워서 떡 먹기
하기 쉬운 일을 가리키는 말이에요.

이렇게 사용해요!

김치찌개 만들기는 이제 나한텐 **식은 죽 먹기**야.

아니 땐 굴뚝에 연기 날까

무슨 뜻일까요?

불을 때면 당연히 굴뚝에서 연기가 나요. 불을 때지 않으면 연기가 나지 않고요. 어떤 결과가 나타났다면 당연히 원인이 있다는 것을 뜻하는 표현이에요.

비슷한 속담

콩 심은 데 콩 나고 팥 심은 데 팥 난다
어떤 원인이 있으면 반드시 그에 따른 결과가 나타난다는 뜻이에요.

이렇게 사용해요!

아니 땐 굴뚝에 연기 날 리 없다고, 방귀 냄새가 나는 걸 보니 우리 중에 누군가 방귀 뀐 게 분명해.

아닌 밤중에 홍두깨

무슨 뜻일까요?

홍두깨는 단단한 박달나무로 만든 몽둥이 같이 생긴 물건으로, 옛날에 천을 감아서 옷을 다듬이질할 때 쓰던 도구예요. 어두운 밤중에 누군가 느닷없이 홍두깨를 들이미는 것처럼, 갑자기 엉뚱한 말이나 행동을 할 때 쓰는 표현이에요.

비슷한 속담

마른하늘에 날벼락
예상치 못한 사이에 갑자기 나쁜 일을 당한다는 뜻이에요.

이렇게 사용해요!

아닌 밤중에 홍두깨라고 어젯밤에 갑자기 집 안으로 길고양이가 들어왔어.

67. 어물전 망신은 꼴뚜기가 시킨다

무슨 뜻일까요?

어물전은 조선 시대에 생선, 김, 미역 등의 수산물을 팔던 가게예요. 꼴뚜기는 오징어처럼 생겼는데, 생김새가 볼품없어 별볼일 없는 물건이나 사람에 비유하곤 하지요. 못난 사람 하나가 주변 사람들까지 망신 시킨다고 할 때 쓰는 표현이랍니다.

비슷한 속담

미꾸라지 한 마리가 온 웅덩이를 흐려 놓는다
한 사람이 주변에 나쁜 영향을 미친다는 뜻이에요.

이렇게 사용해요!

해외여행 갔는데 어떤 한국인이 길에 쓰레기를 버리더라고. **어물전 망신은 꼴뚜기가 시킨다**고, 같은 한국인으로서 참 부끄럽더라.

68. 열 번 찍어 안 넘어가는 나무 없다

무슨 뜻일까요?

큰 나무도 도끼로 여러 번 찍으면 넘어가듯이, 아무리 어려운 일도 꾸준히 노력하면 결국 이루어진다는 뜻이에요. 여러분도 이루고 싶은 일이 있다면 포기하지 말고 끝까지 노력해 보세요.

비슷한 사자성어

우공이산(愚公移山) 한 가지 일을 꾸준히 해 나가면 마침내 목적을 이룬다는 뜻이에요.

이렇게 사용해요!

열 번 찍어 안 넘어가는 나무 없다고, 라이트 형제도 비행에 수없이 도전해 결국 성공했어.

오르지 못할 나무는 쳐다보지도 말라

무슨 뜻일까요?

나무가 높고 위험해 자기 힘으로 오를 수 없으면 처음부터 시도하지 않는 것이 좋다는 뜻이에요. 내가 할 수 있는 일인지 곰곰히 생각해 보고, 해내기 힘든 일이라면 무리하게 욕심을 내지 않는 것이 좋겠죠?

비슷한 속담

뱁새가 황새 따라가다 가랑이가 찢어진다
자기 분수에 맞지 않게 행동하면 오히려 해를 입는다는 뜻이에요.

이렇게 사용해요!

오르지 못할 나무는 쳐다보지도 말라고, 달리기로 날 이길 생각은 하지 마.

우물 안 개구리

무슨 뜻일까요?

우물은 옛날에 깨끗한 물을 얻기 위해 땅을 파서 만든 시설이에요. 좁고 깊숙한 우물에 들어가 있는 개구리는 세상이 얼마나 넓은지 알 수 없지요. 세상을 바라보는 시야가 좁은 사람을 가리키는 표현이에요.

비슷한 속담

바늘구멍으로 하늘 보기
전체를 보지 못하는 좁은 시야를 뜻해요.

이렇게 사용해요!

해외에 나가 보니 내가 **우물 안 개구리**였다는 걸 알 수 있었어.

우물을 파도 한 우물을 파라

무슨 뜻일까요?

우물을 만들려면 지하수가 나올 때까지 땅을 파야 해요. 여기저기 여러 곳을 파다 보면 제대로 우물을 만들 수 없지요. 어떤 일이든 하나에 집중해서 노력해야 성공할 수 있다는 뜻이에요.

비슷한 속담

열 번 찍어 안 넘어가는 나무 없다
아무리 어려운 일도 꾸준히 노력하면 결국 이루어진다는 뜻이에요.

이렇게 사용해요!

우물을 파도 한 우물을 파라고, 우선 축구 연습에만 집중해서 열심히 해 볼래.

72

울며 겨자 먹기

무슨 뜻일까요?

겨자를 먹으면 너무 매워서 눈물이 찔끔 나기도 해요. 그렇게 맵다고 울면서도 겨자를 억지로 먹는다는 뜻이에요. 어떤 일을 하기 싫어도 마지못해 해야 할 때 쓰는 표현이랍니다.

비슷한 사자성어

고육지책(苦肉之策) 어려운 상황에서 벗어나고자 억지로 꾸며 내는 계책을 뜻해요.

이렇게 사용해요!

나가서 놀고 싶은데, **울며 겨자 먹는** 심정으로 밀린 숙제를 하는 중이야.

73. 원수는 외나무다리에서 만난다

무슨 뜻일까요?

싫어하는 사람을 피할 수 없는 곳에서 만난다는 뜻이에요. 사이가 좋지 않아 다시는 보고 싶지 않은 사람을 마주치게 된다면 참 난감하겠죠? 여러분은 친구와 그런 사이가 되지 않게 조심하도록 해요.

비슷한 사자성어

오월동주(吳越同舟) 원수인 오나라 사람과 월나라 사람이 한 배에 탔다는 뜻이에요.

이렇게 사용해요!

원수는 외나무다리에서 만난다고, 지난번에 다투었던 윤우랑 짝이 되었어.

원숭이도 나무에서 떨어진다

무슨 뜻일까요?

원숭이는 나무를 아주 잘 타지만, 실수로 나무에서 떨어지기도 해요. 어떤 일을 아주 잘하는 사람도 가끔은 실수할 수 있다는 뜻이에요.

비슷한 속담

닭도 홰에서 떨어지는 날이 있다
아무리 익숙하고 잘하는 사람도 때로는 실수할 수 있다는 뜻이에요.

이렇게 사용해요!

원숭이도 나무에서 떨어진다고, 세계 최고의 축구 선수가 자책골을 넣다니!

75. 윗물이 맑아야 아랫물이 맑다

무슨 뜻일까요?

물은 위에서 아래로 흘러요. 그래서 윗물이 맑으면 아랫물도 맑고, 반대로 윗물이 흐리면 아랫물도 흐릴 수밖에 없지요. 윗사람이 잘해야 아랫사람도 본받아 잘하게 된다는 뜻이에요.

비슷한 사자성어

솔선수범(率先垂範) 남보다 먼저 앞장서서 모범을 보인다는 뜻이에요.

이렇게 사용해요!

윗물이 맑아야 아랫물이 맑다고, 어른들이 공중도덕을 잘 지켜야 아이들도 본받을 텐데.

입에 쓴 약이 몸에 좋다

무슨 뜻일까요?

약은 쓴맛이 나서 먹기 힘들지만 그래도 먹으면 아픈 곳이 나아요. 마찬가지로 충고나 비판은 듣기 싫지만 그 뜻을 잘 새기고 따르면 도움이 된다는 말이에요. 그러니 조언이나 충고를 듣기 싫어만 해서는 안 되겠죠?

비슷한 사자성어

양약고구(良藥苦口) 좋은 약은 입에 쓰지만 병에 이롭고, 충언은 귀에 거슬리지만 행동에 이롭다는 뜻이에요.

이렇게 사용해요!

입에 쓴 약이 몸에 좋다고, 선생님의 충고를 흘려듣지만 말고 깊이 생각해 봐.

77. 자라 보고 놀란 가슴 솥뚜껑 보고 놀란다

무슨 뜻일까요?

솥은 밥을 짓거나 국을 끓이는 그릇이에요. 자라의 등딱지와 솥뚜껑은 얼핏 보면 비슷하게 생겼는데, 자라에게 물려 본 사람은 솥뚜껑만 봐도 지레 겁을 먹는다는 뜻이에요.

비슷한 속담

더위 먹은 소 달만 봐도 헐떡인다
어떤 것에 몹시 놀라면 비슷한 것만 봐도 겁을 낸다는 뜻이에요.

이렇게 사용해요!

자라 보고 놀란 가슴 솥뚜껑 보고 놀란다고, 전에 개한테 물린 적이 있어서 지나가는 강아지만 봐도 무서워.

작은 고추가 맵다

 **무슨 뜻일까요?**

고추는 작을수록 매운 경우가 많아요. 작은 고추가 매운 것처럼 몸집이 작아도 힘이 세거나 재주가 뛰어난 사람을 가리킬 때 쓰는 표현이에요. 사람을 외모로만 평가하면 안 되겠죠?

 **비슷한 속담**

뚝배기보다 장맛이 좋다
겉모양은 보잘것없지만 내용은 훨씬 훌륭하다는 뜻이에요.

 **이렇게 사용해요!**

독립운동가 유관순 열사를 보면 **작은 고추가 맵다**는 생각이 들어.

79. 재주는 곰이 부리고 돈은 주인이 받는다

무슨 뜻일까요?

곰이 재주를 부리면 구경하던 사람들은 곰이 아니라 곰의 주인에게 돈을 줘요. 이처럼 수고한 사람은 따로 있는데 정작 엉뚱한 사람이 이득을 보는 경우에 쓰는 표현이랍니다.

비슷한 속담

죽 쒀서 개 준다
애써 한 일에 대한 대가를 남에게 빼앗긴다는 뜻이에요.

이렇게 사용해요!

재주는 곰이 부리고 돈은 주인이 받는다고, 내가 입으려고 힘들게 다려 놓은 옷을 동생이 입고 나갔어.

80

쥐구멍에도 볕 들 날 있다

무슨 뜻일까요?

쥐구멍은 작고 어두컴컴해 햇볕이 잘 안 들어요. 몹시 힘든 삶을 쥐구멍에 종종 비유하지요. 어두운 쥐구멍에도 이따금 밝은 빛이 비추듯이, 힘들고 어렵게 살아가더라도 언젠가 좋은 날이 온다는 뜻이에요.

비슷한 속담

고생 끝에 낙이 온다
어려운 일을 겪은 후에 좋은 일이 생긴다는 뜻이에요.

이렇게 사용해요!

이모, 몇 년 동안 취직 준비하느라 힘들겠지만 힘내요!
쥐구멍에도 볕 들 날이 있을 거예요.

81. 지렁이도 밟으면 꿈틀한다

 무슨 뜻일까요?

작고 힘없는 지렁이도 발로 밟고 괴롭히면 꿈틀거리며 움직여요. 아무리 약하고 힘없는 사람이라도 심하게 괴롭히면 반항한다는 뜻이에요. 약한 사람을 괴롭히는 나쁜 일은 애초에 하지 말아야겠죠?

비슷한 속담

참새가 죽어도 짹 한다
아무리 작고 약해도 괴롭히면 저항한다는 뜻이에요.

이렇게 사용해요!

지렁이도 밟으면 꿈틀한다더니, 그 어린 초등학생이 동네 깡패한테 덤벼들었대!

82

짚신도 제짝이 있다

무슨 뜻일까요?

짚으로 만든 짚신도 오른쪽, 왼쪽으로 만들어져 서로 짝이 있어요. 보잘것없는 짚신도 짝이 있듯이 누구나 자신에게 어울리는 제짝이 따로 있다는 뜻이에요. 여러분도 잘 맞는 짝이 있나요?

비슷한 사자성어

유유상종(類類相從) 비슷한 사람들끼리 어울린다는 뜻이에요.

이렇게 사용해요!

짚신도 제짝이 있다더니, 삼촌이 드디어 좋은 신붓감을 만나 결혼했어.

83

천 리 길도 한 걸음부터

무슨 뜻일까요?

천 리는 약 400킬로미터로 서울에서 부산까지 되는 먼 거리예요. 이렇게 먼 길도 한 걸음부터 시작되듯이, 아무리 큰일도 작은 일부터 시작해야 하지요. 그만큼 일의 시작이 중요하다는 뜻이랍니다.

비슷한 속담

시작이 반이다
무슨 일을 할 때 시작이 어렵지 일단 시작하면 끝내는 것은 어렵지 않다는 뜻이에요.

이렇게 사용해요!

천 리 길도 한 걸음부터라고, 너무 서두르지 말고 기본 문제부터 차근차근 풀어 보렴.

84

콩 심은 데 콩 나고 팥 심은 데 팥 난다

무슨 뜻일까요?

콩을 심으면 콩이 나오고 팥을 심으면 팥이 나와요. 콩을 심었는데 팥이 나오고 팥을 심었는데 콩이 나올 리 없지요. 모든 일은 원인이 있으면 그에 따른 마땅한 결과가 따른다는 뜻이에요.

비슷한 사자성어

인과응보(因果應報) 좋은 일에는 좋은 결과가 따르고 나쁜 일에는 나쁜 결과가 따른다는 뜻이에요.

이렇게 사용해요!

콩 심은 데 콩 나고 팥 심은 데 팥 난다는데, 그렇게 놀면서 시험 성적 잘 받을 수 있겠어?

85. 콩으로 메주를 쑨다 해도 곧이듣지 않는다

무슨 뜻일까요?

메주는 콩으로 만드는 것이 당연한 일인데 믿지 않는다는 뜻이에요. 약속을 안 지키거나 거짓말을 자주 하는 사람의 말은 믿기가 힘들겠죠?

반대되는 속담

팥으로 메주를 쑨다 해도 곧이 듣는다
남의 말을 지나치게 믿는 사람에게 사용하는 말이에요.

이렇게 사용해요!

기상청의 일기 예보가 계속 맞지 않아서 **이제는 콩으로 메주를 쑨다 해도 안 믿을 것** 같아.

티끌 모아 태산

무슨 뜻일까요?

아무리 먼지처럼 작은 티끌이라도 계속 모이면 나중에 태산처럼 큰 것이 된다는 뜻이에요. 작고 보잘것없는 것도 모이고 모이면 커다란 가치를 가질 수 있다는 말이랍니다.

비슷한 속담

천리 길도 한 걸음부터
아무리 큰일이라도 작은 일부터 시작해야 한다는 뜻이에요.

이렇게 사용해요!

티끌 모아 태산이라고, 하루에 영단어 한 개씩 꾸준히 외우다 보니 벌써 천 개를 외웠어.

87 하늘이 무너져도 솟아날 구멍이 있다

무슨 뜻일까요?

하늘이 무너지는 것처럼 아무리 힘든 상황에서도 벗어날 방법이 있다는 뜻이에요. 만약 어려운 일이 닥쳐도 너무 좌절하지 말고 해결할 수 있는 방법을 찾아보세요.

비슷한 속담

호랑이에게 물려 가도 정신만 차리면 산다
아무리 어려운 상황에서도 정신만 제대로 차리면 벗어날 수 있다는 뜻이에요.

이렇게 사용해요!

홍수로 온 동네가 엉망이 됐지만, **하늘이 무너져도 솟아날 구멍이 있다**고, 빨리 복구할 방법을 찾아보자.

하룻강아지 범 무서운 줄 모른다

 **무슨 뜻일까요?**

어린 강아지는 아직 호랑이가 얼마나 무서운 줄 몰라요. 그래서 호랑이에게 함부로 덤벼들기도 하지요. 상대가 얼마나 강한지 잘 모르고 겁 없이 덤비는 행동을 뜻하는 표현이에요.

 **비슷한 속담**

미련한 송아지 백정을 모른다
송아지가 자기를 잡으러 온 백정을 못 알아본다는 뜻으로, 겪어 보지 못한 일은 모른다는 말이에요.

 **이렇게 사용해요!**

하룻강아지 범 무서운 줄 모른다더니, 네가 나한테 팔씨름 도전장을 내밀어?

89

호랑이도 제 말 하면 온다

무슨 뜻일까요?

깊은 산속에 있는 호랑이도 자기 이야기를 하면 찾아온다는 뜻이에요. 자리에 없는 사람의 이야기를 하는데 때마침 그 사람이 나타나는 상황에 쓰는 표현이에요. 자리에 없는 사람을 흉보면 안 된다는 교훈도 담겨 있답니다.

비슷한 속담

낮말은 새가 듣고 밤말은 쥐가 듣는다
비밀스럽게 한 말도 다른 사람의 귀에 들어갈 수 있으니 항상 말을 조심하라는 뜻이에요.

이렇게 사용해요!

호랑이도 제 말 하면 온다더니, 저기 담임 선생님 오신다!

호박이 넝쿨째로 굴러떨어졌다

 무슨 뜻일까요?

호박은 열매뿐 아니라 잎과 줄기 모두 먹을 수 있어요. 그런 호박이 잎과 줄기까지 넝쿨째 굴러떨어졌으니 얼마나 행운이겠어요? 생각하지 못한 좋은 일이 생겼을 때 쓰는 표현이에요.

 **비슷한 사자성어**

어부지리(漁父之利) 뜻하지 않게 얻은 이익이라는 뜻이에요.

 **이렇게 사용해요!**

오랜만에 만난 삼촌이 장난감도 사 주고 용돈까지 주셨어. **호박이 넝쿨째로 굴러떨어졌지.**

저자 소개

글 박일귀

중앙대학교에서 역사학과 철학을 공부하고, 서강대학교 대학원에서 역사를 전공해 석사 학위를 받았어요. 출판사 편집부에서 10년 넘게 일했고, 지금은 작가, 번역가, 편집자로 활동하고 있어요. 어린이와 청소년에게 어렵고 지루할 수 있는 교양 지식을 쉽고 재미나게 이야기하는 일을 좋아해요. 지은 책으로는 『알고 쓰면 재미있는 어린이 사자성어』, 『1일 1페이지 365 한국사』(근간) 등이 있고, 옮긴 책으로는 『DK 타임라인으로 보는 거의 모든 것의 역사』, 『DK 나의 첫 지도책』, 『청소년을 위한 친절한 세계사』, 『청소년을 위한 친절한 서양미술사』, 『청소년을 위한 북유럽 신화』, 『그리스 신화밖에 모르는 당신에게』, 『처음 읽는 여성 철학사』 등 30여 종이 있어요.

그림 김현후

산업디자인을 전공 중이며 어린이와 동심을 사랑해요. 3D 모델링으로 실감 나는 입체 표현과 질감 표현을 강조하는 일러스트를 그리고 있어요. 그린 책으로는 『알고 쓰면 재미있는 어린이 사자성어』가 있어요.